EXAMEN
PHILOSOPHIQUE

R. 2225. porté

EXAMEN PHILOSOPHIQUE

DE

LA LIAISON RÉELLE qu'il y a entre les Sciences & les Mœurs;

DANS LEQUEL ON TROUVERA LA SOLUTION de la dispute de M. J. J. Rousseau, avec ses adversaires, sur la Question proposée par l'Académie de Dijon, au sujet du bien ou du mal que les Sciences ont occasionné dans les Mœurs.

par M. Formey.

A AVIGNON,

M. DCC. LV.

EXAMEN PHILOSOPHIQUE
DE
LA LIAISON RÉELLE
qu'il y a entre les Sciences & les Mœurs ;

DANS LEQUEL ON TROUVERA LA SOLUTION de la dispute de M. J. J. Rousseau, avec ses adversaires, sur la Question proposée par l'Académie de Dijon, au sujet du bien ou du mal que les Sciences ont occasionné dans les Mœurs.

ON a déjà formé de gros Recueils des différens Ecrits qui ont paru sur le sujet que je vais traiter. Il y a dans quelques-uns de ces Ecrits

A

beaucoup d'esprit, & dans d'autres une assez vaste érudition ; mais généralement parlant, qu'il me soit permis de le dire, j'y aurois desiré un peu plus de Philosophie. Je n'ai point trouvé qu'on y ait posé suffisamment l'état de la Question ; & le sophisme a été presque toujours substitué à des raisonnemens beaucoup plus solides, qu'on auroit pû tirer du fonds même des choses.

Attentifs à parcourir les Annales du Monde, les Auteurs des Pieces dont je parle, ont cru qu'il suffisoit de mettre en parallele les Science & les Mœurs, telles qu'elles ont co-existé dans les différens siécles, ou chez les différentes Nations, pour en tirer une conclusion démontrée de l'influence que les Sciences ont sur les Mœurs. Rien de plus défectueux que cette induction ; on y entasse une foule d'objets & de circonstances, dont on fait, pour ainsi dire, une masse homogene, quoiqu'il y ait parmi ces objets & ces circonstances, des choses, dont les unes ne prouvent rien, & les autres sont même contraires aux conséquences qu'on prétend en dériver.

Pour justifier pleinement ce que j'avance, il faudroit soumettre à une analyse exacte celles d'entre les Piéces relatives à cette Question devenue célébre, qui en méritent la peine. Ce n'est cependant pas mon dessein ; ce travail me meneroit trop loin. Mais, si je ne me trompe, je parviendrai, & plus surement, & plus promtement, au but que je me propose, en remontant aux principes mêmes sur lesquels roulent toutes ces discussions, & en examinant philosophiquement, si les Sciences, & en général toutes les connoissances humaines, ont sur les Mœurs cette influence qu'on leur a accordée, selon moi, trop legérement, & qui se réduit à bien moins qu'on ne se l'est imaginé.

Il résultera de-là qu'on s'est débattu avec chaleur, & qu'on a déployé tous les efforts de l'esprit, & tous les tréfors de l'érudition, pour maintenir l'association de deux idées, qui n'ont que peu ou point de rapport entr'elles. On a cru qu'il n'y avoit point de milieu entre ces deux Propositions ; Les Sciences ont perfectionné les Mœurs ; ou, Les Sciences ont corrompu les Mœurs. Et moi je dis ; Les Sciences n'ont fait, ni bien, ni mal, aux Mœurs ; ou du moins leur efficace à cet égard se réduit à si peu de chose, que cela ne valoit pas la peine d'y tant insister. C'est ce que je vais établir par deux Considérations générales, auxquelles je rapporterai toutes les réfléxions particulieres, qui peuvent y être subordonnées.

I.

Il n'y a que trois états possibles, dans lesquels on puisse se représenter les différentes Nations répandues sur le Globe de la Terre, depuis ces tems les plus reculés que nous appellons l'origine du Monde, jusqu'à ceux où nous vivons.

Le premier de ces états, c'est l'ignorance primitive & naturelle, dont les Peuples Sauvages qui ont été découverts dans ces derniers Siécles, renouvellent le tableau.

Le second est celui des Nations qui se sont tirées de cet état, & qui ont acquis successivement les diverses connoissances qui forment aujourd'hui l'Encyclopédie des Sciences & des Arts.

Le troisiéme état enfin est celui des contrées où la lumiere s'est éteinte, & a fait place à de nouvelles ténébres; c'est le sort présent de l'Egypte, de la Grece, & de presque tout l'Orient; c'est ce qui est arrivé en Europe pendant ces siécles d'ignorance, de fer & de plomb, qui ont précéde la renaissance des Lettres.

Il s'agit de juger sans prévention de ce qui a rendu les hommes meilleurs, ou plus mauvais, dans ces différentes Epoques relatives aux Sciences, & de décider si leurs mœurs ont eu un rapport si immédiat & si constant à ces Epoques, qu'on ne puisse s'empêcher de les en faire dépendre.

1. D'abord dans le premier de ces états, dans celui de l'ignorance naturelle, je ne vois qu'une pierre d'attente; je n'y apperçois, à proprement parler, ni vertu, ni vice. Les hommes y ont

les penchans que la Nature leur a donnés, & les suivent d'une maniere qui laisse fort peu de différence entre eux & les animaux. Cette remarque est beaucoup plus importante qu'elle ne le paroît d'abord; & je me persuade d'en convaincre ceux qui feront attention à ce que j'ajoute pour la déveloper. On sçait sur la foi de plusieurs Rélations autentiques, que les Nations sauvages différent considérablement entr'elles à l'égard du caractère. Il y en a de féroces & d'intraitables, qui n'ont point voulu s'apprivoiser avec les Européens; qui se sont réfugiées dans des lieux inaccessibles; ou qui, lorsqu'on les a comme domptées & enchaînées, ont donné des marques de perfidie & de cruauté, qui ont obligé, ou de les détruire entierement, ou de renoncer à tout commerce avec elles. D'autres au contraire ont témoigné une disposition beaucoup moins farouche ; elles ont répondu aux avances de commerce qu'on leur a faites ; elles ont montré une espece d'équité, de candeur, de modération, dont on a fait de grands éloges, tandis qu'on a qualifié les premieres de monstres, & que les noms d'Antropophages & de Cannibales réveillent une véritable horreur. Il s'agit de réduire tout cela à sa juste valeur; & nous le ferons en disant que ces Peuples ont entr'eux la même différence que vous trouvez entre les animaux; & que ce qui arrive en passant des uns chez les autres est équivalent à ce qui arrive en passant d'une campagne remplie de Chiens, ou de Liévres, à une autre remplie de Loups, ou de Tigres. Ce n'est point dégrader l'humanité que de faire une semblable comparaison; ce Sauvage, Loup ou Chien dans son état actuel, demeure toujours un homme, entant qu'il n'y auroit qu'à lui donner de l'éducation, & lui inspirer des principes, pour le tirer de cet état ; mais, si vous y prenez garde, le fonds du caractere demeureroit toujours. Les Anglois, les Italiens, les François, les Nations Septentrionales sont des Tigres, des Renards, des Singes, des Ours, qui ont reçu les leçons humanisantes, si je puis ainsi dire ; mais le fonds, le naturel, est-il effacé ? C'est le vrai cas de la Maxime : *Naturam expellas furcâ ; tamen usque recurret.* Le premier état dont je viens de parler, n'a donc aucun rapport à la Question débattue. Il est inutile de dire d'une part ; Voyez les vices qui regnent parmi ces peuples, parce que les Sciences y manquent ; ou de l'autre : Voyez les Vertus qui y subsistent, parce que les Sciences ne les en ont point bannies ; car on soutient ces deux Theses opposées. Je les rejette l'une & l'autre, & je dis : Ne voyez rien, où il n'y a rien ; ces Peuples n'ont ni vertus, ni vices ; les idées leur manquent aussi-bien que les noms ; & vous tombez ici dans la même incongruité, que quand vous parlez de la chasteté des Tourterelles, ou de l'hypocrisie des Chats.

2. L'Aurore se leve ; le Soleil paroît ; le flambeau des Sciences brille & répand son éclat. C'est le second état du genre humain.

Mais cela se fait-il avec la même rapidité qu'on le raconte ? Ne faut-il pas des siécles entiers pour défricher les esprits, qui résistent bien plus long-tems à la culture que les terres ? On en peut juger par la maniere dont les Sciences se sont étendues, & se répandent encore tous les jours vers le Nord ? Et encore cette voie d'en juger n'est pas suffisante. Car aujourd'hui l'amas est tout fait, les Sciences sont formées, les Nations peuvent, pour ainsi dire, se les livrer de la main à la main; il ne s'agit dans les contrées où l'ignorance & la barbarie avoient jusqu'alors régné que de dégrossir les esprits : & c'est l'ouvrage d'une ou deux générations, comme on en a eu un exemple des plus remarquables dans cet Empire qu'un seul homme a créé en l'éclairant. Mais ce n'est point ainsi que les Sciences sont nées, & se sont accruës. Pierre le Grand en peu d'années de voyages a recueilli tout ce que les autres siécles & les autres Nations avoient produit de plus précieux ; il a enlevé, si je puis m'exprimer ainsi, tout un brasier de ce feu sacré, dont les étincelles étoient autrefois dispersées, & cachées sous la cendre. Qu'on se rappelle les voyages des anciens Philosophes,

& les vérités qu'ils en rapportoient ; qu'on suive l'Histoire des découvertes depuis Thales jusqu'à Descartes, & qu'on voie où en étoit l'édifice des Sciences, commencé par le premier, lorsque le second ne vit de jour à bâtir qu'en détruisant tout, & en partant du doute universel, ou tout au plus du sentiment de sa pensée, d'où il inféroit son existence. Je réserve pour ma seconde Considération générale l'examen intrinséque des Sciences, destiné à faire voir jusqu'où elles peuvent influer sur les mœurs ; & pour le présent je m'en tiens à demander si ce petit levain de connoissance connoissances vagues, imparfaites, & ce qu'il faut bien remarquer, restreintes surtout dans ces anciens tems à un petit nombre d'adeptes, avoit une liaison sensible avec les actions morales des hommes.

Je sens néanmoins, qu'en combattant des sentimens que je fais envisager comme des extrémités, je dois éviter de tomber moi-même dans une autre. Les Sciences, & surtout les Arts qui marchent à leur suite, changent incontestablement la face d'un Etat, d'une Ville ; & la changent même quelquefois au point de la rendre méconnoissable. Mais ce n'est

B

pas tant en créant de nouvelles mœurs, qu'en développant, pour ainsi dire, celles qui étoient en germe, & qui n'attendoient que l'occasion de se manifester. Ulysse donna-t-il de nouvelles mœurs à Achille en étalant à ses yeux une armure complette & brillante ? Point du tout. Ce jeune Guerrier s'enflamme à cette vue, parce qu'il avoit un principe de valeur militaire, qui comme un feu secret vivoit & résidoit dans son cœur ; mais qui n'avoit pû encore paroître, faute d'objet, ni s'accroître, faute d'aliment. Tous les hommes sont dans le même cas. Chacun a son penchant, son tempérament, son caractere inné; mais, si vous supposez qu'il ne soit jamais à portée de l'objet auquel ce penchant, ce tempérament, ce caractere, se rapportent, on ne s'en appercevra point; & la plus longue vie s'écoulera, sans que ce principe occulte se déveLope.

La Maxime commune est fausse, ou du moins mal exprimée : *Les honneurs changent les mœurs.* Ils ne les changent point; ils les manifestent. Un Parvenu, qui a joué les rôles les plus humilians & les plus rampans dans son état de bassesse, n'est fier & insolent depuis son élevation que parce qu'il a toujours été tel. Voilà précisément, si je ne me trompe, l'effet des Sciences & des Arts. Leur clarté nous découvre des objets, que nous ne connoissions point du tout, ou que nous ne connoissions pas sous certaines faces. Aussi-tôt nous sortons de cet état d'indifférence où l'on est nécessairement à l'égard des objets inconnus, pour nous porter vers ce qui nous plaît, & qui favorise des penchans, que nous croyons excités & produits, lorsqu'ils ne sont que dévelopés & déclarés. Je n'ai garde de contester aux connoissances humaines, ou du moins à quelques-unes d'entr'elles, cet acte d'illumination, qui leur est propre ; mais ce n'est que très-improprement qu'on peut appeller cet acte la cause des effets qui viennent à se manifester ensuite. Un homme en cherchoit un autre à tâtons dans l'obscurité pour le tuer ; on apporte de la lumiere, il le tue. Est-ce la lumiere qui est la cause efficiente de ce meurtre ? De même ; notre cœur cherche à tâtons les objets qui lui conviennent ; mais, s'il ne les découvre pas, ses efforts sont à pure perte, ou plutôt il ne sçait positivement à quoi ils tendent ; il sent qu'il lui manque quelque chose, sans pouvoir l'indiquer. Les grands Génies & les grandes passions sont également étouffés dans les siécles d'ignorance, & dans les pays de barbarie. Il y a des Césars & des Alexandres, des Newtons & des Leibnitz, des Catilinas & des Cromvels, chez les Hurons & chez les Iroquois; mais ils y sont en brut, & jamais il n'y aura dans les circonstances externes de raison suffisante de leur développement. Ce ne seroit, comme nous le verrons dans la suite, qu'autant que les Sciences fournissent des régles de conduite, & des motifs à l'observation de ces régles, qu'elles influeroient sur les mœurs par une action immédiate; mais jusqu'ici nous n'appercevons en elles qu'une fonction purement indifférente. Le total des objets qu'elles nous font appercevoir est pareillement indifférent; on peut en faire un bon & un mauvais usage.

Dieu n'a point créé d'êtres dont la connoissance nous porte invinciblement, ou même plus fortement, au mal qu'au bien. L'homme éclairé connoît mille objets, ou mille usages des objets, au lieu que l'homme ignorant n'en connoît que dix ou vingt. Il y a toujours parité. C'est du cœur, de ce fonds naturel dont j'ai parlé, que dépend le reste. C'est ce cœur qui fera tourner en bien ou en mal ce surcroît de connoissances, qui d'elles-mêmes n'ont rien qui le détermine à l'un plutôt qu'à l'autre, en supposant que ces connoissances ne sont pas subordonnées aux Maximes d'une Morale saine, ou corrompue. Et c'est ce qu'il faudra vérifier tout à l'heure.

Je passe auparavant au troisiéme état dont les hommes, réunis en Etats & en Peuples sont susceptibles ; c'est l'ignorance & la barbarie qui succédent aux Sciences.

On pourroit tracer une espece de Carte de la route des Sciences sur nôtre Globe, qui seroit aussi bizarre & aussi variée que celle des voyages du Prince d'Ithaque. Au lieu que la position de la Terre à l'égard du Soleil demeüre toujours la même, ou du moins n'a changé depuis 40 siecles que d'une maniere presque imperceptible ; on a vû l'Esprit, le Goût, la Philosophie, passer successivement d'un point de la surface terrestre à l'autre ; & après avoir commencé dans le voisinage de notre Tropique, s'avancer insensiblement au point de venir presque se confondre avec les Aurores Boréales. De bonne foi l'Histoire des mœurs est-elle liée avec ces révolutions, & n'est-ce pas par machine, par artifice, qu'on y crée des rapports qui font presque tous d'imagination? Rien n'est plus propre à en convaincre que le succès presque égal de ceux qui ont soutenu l'affirmative & la négative. Ils ont trouvé dans les Fastes de quoi décrier les Sciences, aussi-bien que de quoi les accréditer. Et pourquoi? C'est ce que les faits qu'ils allèguent en preuve ne sont, ni pour, ni contre les Sciences. C'est qu'à leur arrivée elles ont trouvé les hommes avec leurs passions naturelles, qu'elles ne sçauroient ni créer ni anéantir; & qu'à leur départ elles les ont laiffé tels qu'elles les avoient trouvé. Voilà la véritable clef de cette Enigme, qu'on a plus embrouillée jufqu'ici qu'expliquée.

Je ferai cependant deux Obfervations particulieres fur ce troifiéme état dont je parle à préfent; fur celui où les hommes fe trouvent, lorfque par des caufes quelconques ils perdent les lumieres qu'ils avoient acquifes, & rentrent dans l'ignorance. Premierement, on confond fouvent ici les mœurs étrangeres qu'ont apportées avec eux ces déluges de Barbares qui ont inondé l'Occident & l'Orient, Huns, Vandales, Goths, Alains, Sarrasins, Turcs, Tartares, avec les mœurs des Peuples dont ils ont envahi le territoire. Et alors on suppose un changement où il n'y en a point. Ce ne sont point les mœurs des Romains changées & altérées que nous trouvons dans l'Histoire depuis la décadence de l'Empire Romain ; ce sont celles des Peuples, qui comme autant d'essains de sauterelles, ont brouté & dévoré cet Empire. Cette remarque, très-aisée à justifier par des autorités & des citations, dont je ne veux pas grossir ce Discours ; cette remarque, dis-je, est très-essentielle dans la Controverse que que je traite, & met fin à bien des raisonnememens inutiles. J'y en joins une seconde; c'est que l'état d'un Peuple qui a possédé les Sciences, est toujours plus fâcheux & plus corrompu, lorsqu'il rentre dans la barbarie, que s'il n'étoit jamais sorti de l'ignorance naturelle. La raison en est, que ce développement d'idées, causé par la lumiere des Sciences dont j'ai parlé, ayant favorisé la naissance des Vices aussi-bien que celle des Vertus, ceux-ci se désapprennent beaucoup plus difficilement que celles-là, parce que le cœur a un foible pour eux & les chérit ; de sorte qu'un Vice une fois né est presque indestructible, & se transmet héréditairement, & indépendamment des causes externes. Les Vertus au contraire, les vraies Vertus, les habitudes de l'Ame, qui la portent au bien, cessent bientôt, pour peu que les motifs qui les avoient fait naître, s'affoiblissent. Mais, comme on le voit, les Sciences n'ont qu'un rapport accidentel à ces diverses révolutions morales ; & c'est ce que je voulois prouver dans ma premiere Considération, par l'espece de revue du genre humain qui vient de nous occuper. Je vais à présent fournir des preuves plus directes encore, tirées de l'idée & de la nature même des Sciences.

II.

Le terme de Sciences est du nombre de ces expressions vagues, qui sont répandues, communes, & continuellement répétées, sans que ceux qui en font usage soyent en état d'en fixer le sens, ni croyent même qu'il soit nécessaire d'y travailler. A en juger d'après l'usage, on entend en gros par les Sciences, cet amas de connoissances sur toutes sortes de sujets, que les hommes ont formé à l'aide de l'expérience & du raisonnement; mais qui est plus composé d'opinions que de vérités, qui dépend des causes externes, du goût dominant, de la mode, & qui en conséquence de cela varie de siécle en siecle, & de climat en climat, & n'a jamais un état de véritable consistance. De cet amas chacun suivant son goût particulier tâche de s'approprier une portion dont il fait son objet, & à la faveur de laquelle, lorsqu'il y a fait certains progrès, ou qu'il vient à bout de persuader aux autres qu'il les a faits, il passe pour Sçavant. Ainsi l'Empire

pire des Sciences est un domaine partagé entre plusieurs Citoyens, qui prétendent être égaux, & jouir de tous les priviléges de de cette égalité naturelle; la supériorité des talens reconnue dans quelques-uns d'entr'eux ne faisant qu'augmenter l'étendue de leur territoire, sans leur donner aucun droit sur celui des autres. Mais, quoique cette idée d'Empire des Sciences, de République des Lettres, ne soit pas entierement destituée de réalité; quand après cela il s'agit de procéder à une vérification exacte, on se trouve assez embarrassé de dire où commencent les Scien-

C

ces réelles, solides, dignes de ce nom, & jusqu'où elles peuvent être poussées sans donner dans la chimère: on l'est encore plus peut-être à distinguer une foule d'A-vanturiers, qui se faufilent parmi les Naturels du païs; qui se donnent de grands airs dans un séjour où en bonne police ils ne devroient pas être admis; qui prétendent les premieres places, & dans certains tems qui favorisent leur audace, les usurpent, & y exercent une tyrannie insupportable. Il n'y a assurément point d'Etat plus mal réglé que celui dont nous donnons ici la description: tous les siecles on vû le faux sçavoir éclipser le véritable, l'orgueil qui est le supplément de l'ignorance, opprimer la modestie inséparable des vrais talens : & si quelquefois un mérite rare, éminent, incontestable, se fait jour, & surmonte ces obstacles, ce phénomene est rare & de courte durée. Je demande donc à ceux qui ont entrepris d'établir que les Sciences étoient utiles aux Mœurs, ou qu'elles leur sont nuisibles, s'ils ont bien fait attention à ce qu'ils appelloient Sciences, & s'ils ont travaillé avant toutes choses, à débrouiller le chaos auquel on est accoutumé de donner ce nom. Il ne me paroît pas qu'ils ayent pris des précautions suffisantes à cet égard; & alors leurs raisonnemens ne sçauroient sortir d'une généralité, qui les prive de toute leur force.

Les Sciences, si elles sont quelque chose, & s'il est possible de demêler ici l'ombre d'avec le corps, sont les théories qui contiennent des principes dévelopés jusqu'à un certain point, desquels on tire une suite non interrompue de conséquences, qui conduisent à un dernier but, ou terme, qui n'est pas le *non plus ultra* de la théorie, mais qui est le dernier effort auquel est actuellement parvenu l'esprit humain à son égard. De-là vient l'accroissement possible, & effectif des Sciences, ou théories. Un Savant prend la Science qu'il cultive, telle que l'ont laissée ses prédécesseurs ; mais il fait valoir cet héritage, il l'améliore, il défriche des terres incultes, il aggrandit des bâtimens commencés, & laisse en finissant sa carriere à ceux qui viendront après lui, l'avantage de profiter de ses travaux, & la tâche de les continuer. Si les Sciences avoient été traitées & cultivées de siécle en siécle de la façon que j'indique, il y a long-tems qu'elles auroient atteint le degré de perfection, où nous les voyons de nos jours; & nous aurions probablement déjà anticipé fur plusieurs découvertes réservées à une postérité encore éloignée. Mais en vertu de l'anarchie & des désordres dont je parlois tout à l'heure, on a perdu un tems infini en plans chimériques, en châteaux en l'air. Toute l'ancienne Philosophie des Grecs n'a été qu'un vain babil, un étalage de Principes arbitraires, d'où l'on vouloit dériver l'explication des choses qui y avoient le moins de rapport; tout le Regne de la Scolastique a été l'esclavage & l'opprobre de l'esprit humain; & depuis qu'on se pique tant de raison, d'évidence, de démonstration, on a peut-être poussé les choses jusqu'à déraisonner, c'est-à-dire, à vouloir tirer des forces de l'Entendement humain ce qu'elles ne sont pas capables de produire. Montrez-nous la véritable Science en la dégageant de dessous les Atomes, les Attractions, les qualités occultes tant anciennes que modernes, les hypothèses qui se succédent sans cesse les unes aux autres; épurez, affinez au creuset, donnez-nous l'or pur, & exempt de tout alliage. Cette opération n'a point encore été faite; & il y a lieu de douter qu'elle se fasse jamais. Les hommes parlent beaucoup de la Vérité; ils disent qu'ils l'aiment, & qu'ils n'aspirent qu'à la voir toute nue; & cependant ils ne font gueres autre chose que la farder, la déguiser, l'accoûtrer, les uns, il est vrai, avec plus d'art que les autres: mais cet Art est toujours un voile qui couvre la Nature. A présent mettez les mœurs des hommes vis-à-vis de tout cela, & voyez s'il y a beaucoup de rapport entr'elles; & cette prodigieuse diversité de dogmes de toute espece, qui composent l'histoire des Sciences. Si vous conserviez quelque doute à cet égard, je vais entrer dans des détails propres, si je ne me trompe, à les dissiper.

Et d'abord, quelle est la proportion entre le nombre de ceux qui portent le nom de Savans, (ici je mets libéralement dans cette Classe tous ceux qui veulent y entrer,) & le nombre de ceux qui restent dans l'ignorance? Elle varie, cette proportion, je l'avoue, relativement au tems & aux lieux. Autrefois, par exemple, à Lacedemone, à Thebes, il n'y avoit peut-être qu'une demi-douzaine de personnes qui eussent quelque teinture de ce qu'on appelloit alors Sciences, tandis qu'à Athenes tout le monde raisonnoit, jugeoit, décidoit, & que les Citoyens de cette Ville prétendoient former un Aréopage aussi respectable en ce genre, que l'étoit celui de leurs Magistrats en fait de justice. Rome n'a-t-elle pas été ensuite pendant bien long-tems la seule Ville où les Muses eussent des Temples & des Autels ; & quoique je ne dise pas cela dans un sens absolument exclusif, je puis le dire au moins dans un sens de prééminence très-considérable. Aujourd'hui comparez l'Espagne, la Pologne, la

Russie même, avec la France, l'Angleterre, & quelques Pays de l'Allemagne ; combien y a-t-il de têtes scientifiquement pensantes dans ces premiers Royaumes, en comparaison de celles qui se trouvent dans les seconds ? Je n'oserois fixer aucun tarif d'évaluation ; mais personne ne me niera que la disproportion ne soit des plus considérables. Cela étant, je pose en fait qu'à l'égard des lieux où les Amateurs des Sciences sont si clairsemés, & si bornés eux-mêmes dans leurs connoissances, (car tel Docte du premier ordre dans un endroit, seroit à peine un Ecolier distingué dans un autre,) je posé en fait, dis-je, que ce petit nombre de Gens qui ont quelque supériorité sur le vulgaire, n'influent en quoi que ce soit sur lui, & que le cercle étroit de lumiere qu'ils ont tracé autour d'eux, est contigu aux ténébres les plus épaisses. J'en appelle à la preuve de fait, & je la crois assez connue pour ne devoir pas y insister.

Mais, dira-t-on, il n'en sera pas au moins de même dans les régions où tout a l'air pensant, où l'on trouve, dans les grandes Villes au moins, un vingtiéme, un quinziéme, un dixiéme peut-être de personnes qui ont l'esprit cultivé, de la lecture, quelque genre d'étude, où chaque Science a un certain nombre de partisans, qui s'y appliquent; les uns, par goût & par un principe d'émulation; les autres, parce qu'ils sont appellés à l'enseigner, à la professer; qu'ils appartiennent à des Corps, qui en sont comme dépositaires, tels que les Universités, & les diverses sortes d'Académies. Ces gens-là assurément doivent donner le ton; on pense d'après eux, on se fait une gloire de leur ressembler en quelque chose; & en voilà assez pour caractériser les mœurs d'une Nation. Ceci est spécieux;

mais il ne laisse pas d'y avoir extrêmement à rabattre.

Ne demeurons plus dans la dénomination vague des Sciences; décomposons la masse, prenons chaque Science en particulier, indiquons son objet & ses occupations, & voyons ce qui peut en résulter pour les mœurs. Il n'importe par laquelle je commence. Le Physicien, le Géomètre, le Chymiste, le Botaniste, l'Astronome, l'Erudit, le Poëte même & l'Orateur marchent ici d'un pas égal; & j'ai la même chose à en dire. Le Physicien s'attache à l'étude de la Nature, il en examine les différentes parties, il s'étudie à en découvrir les ressorts, les causes cachées, les opérations secrettes; il rassemble ses découvertes, & les employe à grossir le Trésor de celles qui ont déjà été faites. Renfermé dans l'exercice de cette fonction, (car si vous l'en faites sortir, pour le transformer en un Prédicateur, ou en un Missionnaire, cela change le point de vue & la question,) renfermé, dis-je, dans sa sphére, quel principe de réformation ou de détérioration en résultera-t-il pour ceux qui vivent à portée de le connoître, d'être témoins de ses occupations, & même d'en acquérir certaines notions ? Je ne vois pas la moindre influence de l'une de ces choses sur l'autre. Cela sera encore plus vrai des Sciences plus abstraites, & dont les recherches sont moins à la portée de tous le monde. Que le plus grand Géometre prenne le vol le plus élevé, qu'il atteigne à ce que son art a de plus sublime; qu'un Chymiste infatigable opére dans son Laboratoire les prodiges les plus surprenans; qu'un Botaniste grossisse le Catalogue des Plantes par centaines, & découvre dans leur structure ce que personne n'y avoit encore vû; que l'Astronome voyage dans les Cieux,

Cieux, & y fasse, pour ainsi dire, des conquêtes; que l'Erudit débrouille les plus anciennes origines des Peuples, explique les usages les moins connus, porte le flambeau de la critique dans les recoins les plus obscurs: je suis fort trompé si le Soldat, l'Artisan, l'homme non-lettré, de quelque condition qu'il soit, en apporteront le changement le plus leger à leur façon de vivre, & aux actions qu'ils sont appellés à commettre dans la vie ordinaire.

De toutes les preuves la plus forte & la plus abrégée que je puis en donner, je la tire des Savans eux-mêmes. Quel effet

D

produisent sur eux les connoissances qu'ils ont acquises ? Naturellement ils doivent en ressentir des effets immédiats & bien marqués. Ne craignez point que je veuille m'ouvrir ici un champ à la Satyre. Elle seroit très-déplacée ; & quand je serois fondé à m'y livrer, je la déteste comme un fléau très-pernicieux, qui ne corrige jamais, mais qui aigrit & envenime tout ce à quoi elle touche. Je demeure fidéle au principe qui doit être regardé comme fondamental dans ce Mémoire, c'est que les Sciences laissent les hommes tels qu'elles les trouvent ; & il me paroît exactement vérifié par l'expérience, qu'un homme naturellement vain, violent, malin, perfide ; qu'un de ces Tigres, ou de ces Serpens, dont je parlois plus haut, étudie les Sciences, & qu'aidé de cette force d'imagination, de génie, de raisonnement, qui sont des qualités naturelles & indifférentes, il devienne un vrai Coryphée dans la Science qu'il professe ; ses mœurs, son caractere moral & personel, seront ce qu'ils auroient été indépendamment de ces connoissances ; & s'ils paroissent avoir empiré ; comme cela arrive ordinairement, c'est qu'il a plus d'armes, plus d'inftrumens, plus de moyens, plus de fecours pour ourdir fes trahifons, & faire éclater tous fes vices, qu'il n'en auroit eu, s'il fût demeuré dans l'ignorance & dans l'obfcurité. D'un autre côté qu'un homme doux, intégre, généreux, humble, plein de droiture & de candeur, ait les mêmes avantages naturels, & faffe les mêmes progrès dans les Sciences, ce fera un grand homme à tous égards, & en qui les grands talens brilleront avec d'autant plus d'éclat qu'ils feront rehauffés par de grandes Vertus. Il en eft de même des Savans fubalternes ; chacun d'eux n'amende, ni n'empire en étudiant: mais chacun d'eux trouve pareillement suivant l'étendue de son sçavoir & le rang qu'il tient dans la Société, des occasions de se distinguer en bien & en mal, qui lui auroient manqué s'il avoit vécu dans un état abject, dans une profession méchanique. Or ici, par une erreur perpétuelle, on attribue à la Science ce qui vient de l'homme; & l'on exagére avec aussi peu de fondement les Vertus qu'on en croit les fruits, que les Vices qui l'accompagnent. La chose n'est point telle qu'on se la représente: ces Vertus & ces Vices sont en semence dans le cœur comme dans un terroir; les Sciences sont le Soleil, la pluie, & les autres causes externes de la végétation, qui ne sçauroit assurément changer l'espèce de la semence; elle croît, elle sort de terre, elle arrive à maturité; & si ses fruits sont salutaires, ou venimeux, ce n'est encore une fois nullement par une action efficiente & formatrice de causes, qui ne sont qu'excitantes & dévelopantes. Aussi voit-on parmi les Savans précisément la même différence morale qu'entre les autres Classes d'hommes, modifiée seulement par le genre de vie qu'ils menent,

& les récompenses auxquelles ils prétendent. C'est-à-dire, que comme parmi les gens de guerre il y en a de bons & de mauvais, mais que généralement parlant leur profession les porte à un certain genre d'excès, ou d'actions irrégulieres ; comme parmi les Négocians, il y a d'honnêtes gens, & des fripons, mais que généralement parlant l'esprit du négoce les rend intéressés, & les porte à certaines obliquités ; & ainsi du reste : de même parmi les Savans, il y en a qui sont dignes du plus grand respect, & d'autres du plus juste mépris ; mais qu'aussi généralement parlant la vie de Cabinet, en les rendant fédentaires, & quelquefois atrabilaires, leur donne de l'humeur, de la hauteur, des caprices, & le genre de récompenses auquel ils afpirent, ce laurier, cette fumée, dont ils font fi avides, tourne leur efprit à la jaloufie, à la malignité, aux manœuvres par lefquelles ils cherchent à fe déprimer les uns les autres, en un mot à ces vices qui femblent les caractérifer d'une façon particuliere, mais qui font du même genre que les vices inhérens aux autres Profeffions. Je ne fçai fi je me fais illufion, mais il me femble que voilà une idée bien précise de ce que produit la Science sur le Savant même qui la posséde: & si cela ne va point à changer le fonds même des mœurs, ai-je besoin de m'arrêter encore à prouver qu'à beaucoup plus forte raison ne doit-on lui attribuer aucun effet moral sur ceux à qui elle est étrangére & inconnue?

Mais quoi! N'y a-t-il donc rien dans toute l'étendue des Sciences qui soit appliquable aux Mœurs, & dont elles puissent recevoir quelque avantage ou quelque détriment? Je n'ai garde de finir ce Discours, sans avoir répondu à une Question aussi judicieuse; & la réponse que j'ai à y faire, fournira même des ouvertures finales & décisives pour terminer pleinement la Controverse générale qui nous occupe. Je dis donc premiérement, que toutes les Sciences, ou peu s'en faut, ont en effet un côté moral des usages de pratique, qui pourroient être pressés, inculqués, & employés au profit commun de la Société. Dans tous les sujets dont l'esprit humain cherche à pénétrer les profondeurs, il rencontre, tantôt des merveilles jusqu'alors cachées qui le conduisent droit au Souverain Etre, seul Auteur de toutes choses; tantôt des profondeurs encore inaccesssibles, qui en le convainquant de ses propres bornes, doivent produire le même effet. Tout est subordonné aux fins de la Nature, aux vues de la Providence ; tout est propre à nous mettre devant les yeux les perfections de Dieu : & dès qu'on est parvenu jusques-là, rien de plus aisé que d'en déduire les motifs qui doivent nous engager à régler nos actions d'une maniere conforme à l'idée que nous avons du premier Etre. Voilà peut-être, ou plutôt sans contredit, les plus magnifiques avantages des Sciences ; c'est de conduire à Dieu & à la Vertu : mais est-il ordinaire de les envifager de ce côté-là ? Il y a, je l'avoue, quelques Ouvrages qui se rendent recommendables par cet endroit ; mais ils sont en trop petit nombre, pour qu'on puisse dire des Sciences en général qu'elles se lient avec les Mœurs, par l'application qu'on y en fait. Ainsi je répons d'abord à la Question que je m'étois proposée, qu'il y a réellement dans presque toutes les Sciences de quoi rendre les hommes meilleurs, s'il le vouloient ; mais que c'est à quoi l'on pense le moins, soit en se déterminant à les cultiver, soit lorsqu'on y a fait les progrès même les plus considérables. Ceux qui en tirant ces salutaires usages, ne le font, suivent mon principe fondamental, que parce qu'ils sont naturellement bons & vertueux ; (*) c'est les cas des alimens, qui dans un corps bien constitué se transforment en liqueurs propres à la conservation, tandis que dans un corps cacochyme il s'en forme un mauvais

---

(*) Je trouve dans *Philippe de Comines*, un mot qui prouve que ce judicieux Ecrivain avoit saisi l'idée qui règne dans tout ce Mémoire : Un Prince, dit-il, (Liv. V. vers le commencement du Chap. 18.) *un Prince, ou homme de quelque état qu'il soit, ayant force & autorité là où il demeure, & par-dessus les autres, s'il est bien lettré, & qu'il ait veu ou lue, cela l'amendera ou l'empirera : car les mauvais empirent de beaucoup sçavoir, & les bons amendent.*

chyle, & un sang chargé d'impuretés.

Ce n'est pas-là pourtant encore tout ce que j'avois à dire à cet égard : au contraire l'essentiel me reste. Outre le côté moral des Sciences, j'en apperçois une distincte de toutes les autres, qui s'appelle MORALE, parce qu'elle a les mœurs pour objet, & qui par conséquent est faite pour les régler, en sorte que suivant la nature de ses directions, les mœurs seront bonnes ou mauvaises. Si donc la culture des Sciences ramene celle de la Morale, & que réciproquement la ruine des Sciences entraîne celle de la Morale, il en résultera que les Sciences influent sur les Mœurs, sinon par elles-mêmes & toutes ensemble, au moins parce qu'elles renferment dans leur cohorte, si je puis m'exprimer ainsi, la Science des Mœurs. Ce raisonnement seroit de la dernier justesse, s'il étoit aussi vrai qu'on le suppose, que dès que l'on se met à cultiver les Sciences, la Morale est du nombre, & tient parmi les autres le rang qu'elle mérite. Mais si je consulte l'Histoire & l'Expérience, je trouve premierement que les Sciences ne sont pas plus liées avec la Morale qu'avec les Mœurs, &

que de tout ce qui peut être réduit en Théorie & en Corps de doctrine, il n'y a rien à quoi on ait moins pensé qu'à la Morale ; & secondement, que lorsqu'on s'est avisé de toucher à cette belle Science, la seule qui intéresse au fonds véritablement l'homme, on l'a fait d'une maniere si imparfaite, on a posé des principes si vagues, si peu propres à faire naître des motifs à la détermination des actions humaines ; que les hommes sont demeurés, comme nous ne cessons de le dire, tels qu'ils étoient, vivans suivant leurs goûts & leurs penchans, & ne se mettans guéres

res en peine de les subordonner à d'autres Loix qu'à ces Loix positives qui sont armées contre le crime.

Ici que l'on se rappelle d'un coup d'œil l'Histoire de la Morale. Je ne parle point de ce Peuple privilégié à qui Dieu donna lui-même sa Loi ; il fait un très-grand objet aux yeux de la Foi, mais il a fait une très-petite figure dans l'Univers, & n'entre presque pour rien dans le Tableau qui représente les révolutions du genre humain, sans compter qu'il n'a gueres bien profité lui-même des secours extraordinaires qui lui ont été dispensés. Mais je prens les hommes de tous les tems & de tous les lieux, tels que les Annales du Monde nous les font connoître, & je ne vois qu'une seule Nation qui ait fait son capital de la Morale, qui l'ait envisagée comme une Science immédiatement & continuellement applicable à la vie & aux actions des Citoyens, & qui en ait ouvert des Ecoles, non de simple théorie, mais de pratique, où l'on est formé à la vertu, comme on l'est ailleurs aux exercices du Corps, aux Arts & aux Sciences. Vous reconnoissez aisément à ces traits le fameux Empire de la

Chine, le plus ancien, le plus floriſſant, & à cet égard le plus reſpectable qui ait jamais exiſté. La Morale connue, & traitée comme elle l'a été dans cet Empire, influe ſans contredit ſur les mœurs; & il ſeroit même puérile de mettre la choſe en queſtion. Mais trouverez-vous dans tous les autres Empires anciens & modernes quelque choſe de ſemblable? Juſqu'à Socrate a-t-on parlé de Morale? Martyr de ſa doctrine ſon exemple a-t-il été fort encourageant pour les autres? Ceux qui ont recueilli cette Doctrine, ont preſque uniquement tourné leur vues du côté de ces ſpéculations creuses & métaphysiques, qui régnent dans Platon. Epicure a-t-il eu une Morale ? Aristote & tous les Peripateticiens, jusqu'à l'extinction du nom & de la Secte, ont-ils été au-delà de ces divisions & de ces distinctions qui exercent la subtilité de l'esprit, sans faire le moindre effet sur les inclinations du cœur ? Les Stoïciens semblent faire une exception ; ils ont été tout occupés de la Morale, ils ont même exalté jusqu'aux nues les prérogatives de celle qu'ils enseignoient. Mais quels fondements ont-ils posés ? Quels paradoxes n'ont-ils pas débités ? Et leur Sage n'a-t-il pas plutôt l'air d'un Citoyen des petites Maisons que d'un Membre utile à la Société ? Je n'ai garde de nier qu'il ne se trouve de belles Maximes, d'admirables préceptes dans Epictete, dans Marc Aurele ; mais cela ne fait point une Morale : & quand on a bien vanté ces Maximes & ces préceptes, on est tout surpris de ne découvrir pour encouragemens à leur pratique, que l'orgueil où le désespoir : car j'appelle désespoir toutes ces Consolations Philosophiques prise de la destinée, & de la nécessité immuable des événemens. Voilà pourtant tout ce que l'Antiquité nous fournit de mieux ; & quand cela vaudroit beaucoup davantage ; je demande si l'on s'en mettoit fort en peine hors des Ecoles, & si ces dogmes n'étoient pas d'une stérilité parfaite ? La raison en est que la Morale, toute Morale qu'elle est, n'influera jamais sur les mœurs ; qu'autant qu'elle fera partie d'une Religion ; & voilà pourquoi le Christianisme a changé à cet égard la face de la Terre, quoique la corruption humaine ait considérablement altéré le renouvellement qu'il auroit dû produire. Depuis l'établissement de cette Religion, il ne faut pas confondre les lumieres qu'elle a données avec ce que nous avons appellé jufqu'ici les Sciences. Mais encore malgré ces lumieres, où en eft la Morale aujourd'hui même, confidérée comme une Théorie, une Science claire, folide, continuellement applicable à la pratique ? Où font les Manuels à la portée de tout le monde, dont on ait vû des effets frappans, ou dont on puiffe s'en promettre pour la fuite ? Il fe trouve donc, pour mettre le comble à la démonftration que j'ai entreprife, que la Science des Mœurs elle-même a été & demeure parfaitement inutile aux mœurs, qu'elle rentre à cet égard dans la catégorie des autres, & que toutes ensemble n'ont jusqu'à présent contribué en rien à produire sur le Théâtre du Monde ces changemens favorables ou sinistres qu'on ne cesse de leur attribuer. Les Arts sur lesquels j'ai moins insisté, sont compris également dans mon assertion ; & je n'aurois pas plus de peine, si on l'exigeoit, à démêler leurs effets naturels & propres, de ceux qu'il faut attribuer au caractere inné & essentiel des Nations où ils ont fleuri. Par-tout je me fais fort de retrouver non seulement l'homme, mais encore l'homme d'une telle espece, c'est-à-dire, doué d'un tel caractere naturel

naturel, rélatif au climat & à d'autres causes physiques, & que les causes externes qu'on a coutume d'appeller morales, ne font tout au plus que modifier, & encore d'une maniere qui, à des yeux clairvoyans & philosophiques, laisse toujours voir le fonds & la base de ces modifications. En un mot les Sciences & les Arts, quelque rang qu'elles tiennent chez une Nation, ne sont à son égard que comme les couleurs à l'égard du corps; elles ne changent que la surface, le corps reste ce qu'il étoit, bois, pierre, métal, ou telle autre matiere ; dont toutes les couleurs successives n'altéreront jamais la substance.

FIN.

www.ingramcontent.com/pod-product-compliance
Lightning Source LLC
LaVergne TN
LVHW020108100426
835512LV00040B/2055